PROCÈS-VERBAL
DE LA FÊTE
A LA VICTOIRE
ET
A LA RECONNOISSANCE.

PROCÈS-VERBAL

DE LA FÊTE A LA VICTOIRE

ET A LA RECONNOISSANCE,

Célébrée à Metz, le 10 prairial, an IVme. républicain.

EXTRAIT des *Délibérations de l'Administration municipale de la Commune de Metz*,

Du 10 prairial, l'an IV de la République française, une et indivisible.

CE jour, l'Administration municipale réunie, à huit heures et demie, au lieu ordinaire de ses séances, pour la solemnisation de la fête à la Victoire et à la Reconnoissance, a reçu les Corps administratifs, judiciaires et militaires, qui sont entrés au son de Mutte, et ont pris place.

La séance a été ouverte par l'orchestre, qui a exécuté un chant patriotique, paroles du citoyen

Viville, sur les victoires des Armées Républicaines.

Le chant terminé, l'Assemblée s'est rendue au champ de-mars ; entrée au milieu du bataillon quarré, elle s'est placée sur la butte, à droite de l'autel de la patrie.

La musique a exécuté des hymnes patriotiques, ensuite le Président de l'Administration, prenant la parole, a dit :

CITOYENS,

« C'est aujourd'hui que nous célébrons la fête
« de la Victoire ; quel plus beau jour pouvions-
« nous choisir pour cette solemnité, que celui
« où nos freres d'armes, en Italie, viennent de
« sonner la derniere heure du despotisme, et
« préluder celle d'une paix générale ?

« Vous transporterai-je, Citoyens, dans les
« plaines de la Champagne, dans celles des
« Gemmappe, sous les murs de Thionville, Lille
« et Landau, au champ de Fleurus, sur les
« digues glacées de la Hollande? offrirai-je à vos
« yeux Lyon affranchi, Toulon repris, la Vendée
« détruite, ses chefs rebelles tombés sous le
« glaive vengeur des lois? par tout vous verriez
« le soldat Français braver la mort, marcher de

« victoire en victoire, commander l'admiration
« des peuples, et voler à l'immortalité.

« Qu'on vante, à côté de tant de succès, les
« héros de Sparte et de Rome ! qu'ils triomphent
« aux Thermopyles ou sur les murs de Car-
« thage ! leur gloire s'éclipse devant nos pha-
« langes républicaines, dont l'intrépidité sera
« un problême pour les générations futures.

« Vils partisans des rois, paroissez ; qu'é-
« toient autrefois à nos yeux les généraux dont
« les noms remplissoient l'univers ? des esclaves
« qui, après avoir fait mouvoir des hordes d'au-
« tomates imbécilles, venoient recevoir pour
« prix de leurs efforts, un regard dédaigneux
« du monarque voluptueux, dont ils avoient servi
« la bassesse et l'ambition.

« Aujourd'hui, si les Français ont les armes
« à la main, c'est pour combattre les rois ;
« et le sang qu'ils versent dans les batailles
« a pour objet le triomphe de leurs droits, le
« maintien de leurs loix, et l'affermissement de
« la République.

« Graces immortelles vous soient rendues, gé-
« néreux guerriers qui avez quitté vos foyers pour
« soutenir une cause aussi sainte ! depuis long-
« temps la reconnoissance nationale a assuré à
« vos familles, à vous-mêmes, à vos enfans, le

« tribut honorable qu'on ne peut refuser à tant
« de sacrifices. Tous les Français brûlent de vous
« serrer dans leurs bras; mais ne revenez à eux,
« que lorsque, la tête ornée de lauriers, vous
« pourrez présenter à vos freres l'olivier de
« paix.

« Les tyrans qui font la guerre, n'assignent
« d'autre borne à leur fureur, que celle où leur
« ambition est couronnée; le peuple libre qui
« prend les armes, est toujours prêt à les sus-
« pendre, quand ses ennemis reconnoissent
« son indépendance, et veulent vivre en paix
« avec lui.

« Ce moment n'est pas éloigné; encore un
« effort, et la France n'aura plus d'ennemis à
« compter. En attendant, Citoyens, ramenons
« le bonheur parmi nous; tandis que nos freres
« d'armes triomphent sur la frontiere, triom-
« phons, dans l'intérieur, de nos passions mu-
« tuelles. Que la constitution de 1795, soit à
« jamais l'étendard sous lequel viennent se rallier
« tous les Français. S'il se trouvoit parmi nous
« quelques lâches déserteurs de cette cause sa-
« crée, marchons sur eux en colonne serrée, et que
« notre victoire ait toujours pour objet la puni-
« tion du crime et le pardon des erreurs.

« Que la justice et l'humanité président tou-

« jours à nos conseils! mais que la patrie soit
« toujours courageusement vengée du lâche émi-
« gré, ou du prêtre séditieux armé pour déchi-
« rer son sein!

« C'est par ce concours de persévérance et
« d'efforts, que nous préparerons aux guerriers
« généreux qui combattent sur nos frontieres,
« un retour facile dans leurs foyers; que nous
« ménagerons à leur épouse, à leurs freres, le
« plaisir d'admirer leurs blessures, de les arro-
« ser de leurs larmes, et de les consoler par le
« spectacle d'une famille heureuse et libre par
« le sang qu'ils ont versé pour elle. »

Ce discours applaudi, a été suivi d'une salve
générale d'artillerie. Le commissaire du directoire
exécutif près le département, a parlé ensuite des
victoires de nos armées; il a déversé la honte et
l'opprobre sur ces vils réquisitionnaires, ces
lâches jeunes gens qui, sourds à la voix de l'honneur et de la patrie, l'ont abandonnée dans ses
dangers, et se sont soustraits aux périls communs
pour intriguer bassement dans l'intérieur.

L'administration a ensuite fait donner lecture
du nom des peres et meres des défenseurs de la
patrie, que cette ville enferme dans ses murs.

La distribution des branches de laurier a été
exécutée au son des fanfares et aux applaudisse-
mens universels.

L'appel nominal s'est faite; chaque militaire blessé s'avançant au-devant de l'autel, a reçu l'accollade fraternelle et la branche de laurier ornée de ruban tricolore dont il s'est à l'instant décoré. Les membres des autorités constituées, des tribunaux et les généraux, ont tour-à-tour rempli ce devoir attendrissant, qu'une salve générale d'artillerie a terminé.

Le commissaire du directoire exécutif près la Municipalité, a payé aux braves défenseurs de la patrie, le tribut d'éloges qu'ils ont si bien mérités.

Braves Guerriers, a-t-il dit:

« Enorgueillis de posséder dans nos murs
« plusieurs de ces héros, qui, embrasés du saint
« amour de la patrie, ont pour elle affronté tous
« les périls et bravé cent fois la mort, nous
« nous empressons à leur donner le tribut d'élo-
« ges qu'ils méritent. Qui de nous n'a pas été
« ému au récit des belles actions de cette foule
« de guerriers, dont les honorables cicatrices
« attestent glorieusement la valeur? Avec quelle
« sensibilité ne devons-nous pas accueillir le
« citoyen *Delbove*, dont le courage et la fermeté
« tiennent du prodige? Enveloppé par un gros
« d'ennemis, ils sont prêts à l'immoler à leur

« fureur; sans s'intimider, il résiste à tous : son
« sang qui ruissele ne fait qu'accroître son au-
« dace : vaincre ou périr est sa dévise, et il sort
« triomphant du combat.

« La bataille est engagée, chacun se signale
« par une résistance opiniâtre, un boulet de ca-
« non emporte la jambe du brave Delbove; il ne
« quitte pas le champ de la gloire; imperturbable
« sur son cheval, il oublie sa douleur pour ne
« songer qu'à repousser les ennemis, et ne se
« retire que quand il est assuré de leur défaite.

« Estimable *Destrée*, aux attaques meurtrie-
« res de Kaiserlautern, vous avez perdu un bras,
« vous en avez fait le généreux sacrifice à la ré-
« publique, et sans vous ralentir dans un âge déja
« avancé, vous êtes encore prêt à verser pour
« elle le reste de votre sang ; continuez à la servir
« avec ces talens qui vous distinguent, et ces
« vertus qui vous honorent.

« Mais quels droits n'a pas à notre admiration
« ce jeune et intrepide général que notre cité a
« vu naître, *Legrand*, qui, sur les rives ensan-
« glantés du Rhin, s'est couvert d'une gloire im-
« mortelle? Derriere ce fleuve s'étoit retran-
« ché l'aigle germanique ; il falloit l'atteindre;
« mais comment franchir cette redoutable bar-
« riere? Mille foudres d'airain répandoient par-

« tout l'épouvante et la mort. Legrand, dont
« rien ne peut enchaîner l'ardeur, s'élance à la
« tête des colonnes républicaines, et leur montre
« le chemin de l'honneur. Est-il des obstacles à
« sa bravoure? elle décide la victoire, et la fou-
« dre qui devoit l'écraser tombe en sa puissance;
« aussi modeste que valeureux, il vit pour de
« nouveaux exploits.

« O vous tous, intéressantes victimes de la
« fureur et de l'orgueil des rois! la liberté fut
« votre idole; c'est pour elle que vous avez sup-
« porté avec constance tous les maux, et que
« votre sang a coulé; vous ne souffrirez pas que
« l'on vous arrache le fruit de tant de travaux et
« de peines. Si des lauriers ceignent aujourd'hui
« vos têtes, ce n'est pas pour les courber de
« nouveau sous le joug d'un maître, de quelque
« nom qu'il colore son pouvoir usurpateur.

« Déja l'horizon s'épure, déja nous commen-
« çons à jouir de nos victoires. L'orgueil des puis-
« sances vient se briser contre nos armes triom-
« phantes: les unes reçoivent de nos mains géné-
« reuses l'olivier de la paix, les autres tremblan-
« tes sur leurs trônes chancelans, nous enrichis-
« sent de leurs dépouilles. La guerre intestine
« s'affoiblit et va s'éteindre; la vigilance du gou-
« vernement comprimant également contre les

« factions, arrache à la discorde ses torches
« sanglantes; d'une main il enchaîne le royalisme
« avide de vengeance, de l'autre il écrase l'a-
« narchie altérée de sang et de carnage. Secon-
« dons ses efforts; serrés avec lui autour de l'ar-
« che constitutionnelle, formons un faisceau
« redoutable aux séditieux; recommandables par
« nos vertus civiques, par nos sentimens de con-
« corde et d'inflexible justice, remportons sur
« les ennemis du dedans, des victoires non
« moins signalées que nos vaillans soldats sur
« ceux du dehors ».

Un coup de canon a donné le signal du dé-
part; les troupes formant le bataillon quarré,
ont défilé devant l'autel de la patrie et les
Corps administratifs, dans le plus bel ordre et au
son d'une musique patriotique et guerriere.

Le cortege rentré à la maison commune, le
citoyen Dupleit, professeur de belles lettres à l'é-
cole centrale, a prononcé un discours; il a dit:

CITOYENS,

« Si jamais la France eût sujet de s'enorgueil-
« lir de ses victoires, c'est, sans contredit, dans
« les circonstances actuelles.

« Epuisée, en apparence, aux yeux de l'Euro-
« pe, et par la lutte sanglante qu'elle soutient

« depuis cinq années contre tous les despotes
« qui l'environnent, et par les effets plus funestes
« encore d'une réaction terrible de la part d'une
« portion d'une grande famille contre leurs aînés
« en révolution, c'est à cette époque cependant
« où prenant un nouveau degré d'énergie, ses
« armées subjuguent en un instant la Sardaigne,
« et, laissant derriere elle les montagnes escar-
« pés des Alpes, vont planter l'étendard tri-
« colore jusques sur les rives étonnées du golfe
« Adriatique.

« O France! ô ma patrie! la postérité aura
« peine à croire à tes succès! et l'histoire qui
« les lui retracera, ne pourra les rendre vrai-
« semblables, qu'en disant qu'ils furent le ré-
« sultat des efforts d'une République naissante.

« Quelle est donc ta puissance, liberté
« sainte, pour que les prodiges les plus in-
« croyables deviennent une œuvre facile entre
« les mains de tes enfans?

« Citoyens, laissons les esclaves des rois
« s'étonner de nos victoires : l'homme libre est
« fait pour vaincre, et ne doit s'étonner de rien.

« Vainement l'aigle impérial, croyant arrêter
« le vol rapide de notre armée triomphante,
« avoit déployé ses ailes menaçantes entre la
« chaîne des Apennins et le front sourcilleux

« des Alpes; les phalanges républicaines s'avan-
« cent, leurs colonnes se déploient, un géné-
« ral, moins âgé qu'Alexandre, les guide, le gé-
« nie de la liberté les transporte, chaque sol-
« dat qui les compose devient un héros, l'hym-
« ne patriotique se fait entendre, la charge
« sonne, et soudain les rangs autrichiens en-
« foncés, ne laissent à Beaulieu que l'humiliante
« ressource de passer précipitamment le Pô,
« d'abandonner toute la partie orientale du Pié-
« mont aux Français, et de leur ouvrir entière-
« ment la route du Milanois.

« Plus prompts et plus audacieux que ne le
« fut Hannibal, ce fleuve, tout rapide qu'il est,
« ne les arrête pas, ils le passent à l'instant :
« l'homme libre ne connoît point d'obstacles.

« Une seconde victoire les attend sur le Ta-
« naro, et si dix mille hommes d'élites, réduits
« au désespoir, entreprennent de leur disputer le
« passage du Resin, c'est pour leur fournir l'oc-
« casion de cueillir de nouveaux lauriers, et de
« faire oublier, par l'action la plus mémorable
« qui fut jamais, et le passage du Rhin, tant
« vanté de Louis XIV, et tout ce que les anna-
« les des peuples guerriers racontent de plus
« éclatant en ce genre.

« La voilà donc cette fameuse armée du tyran

« d'Autriche, sur laquelle on comptoit d'autant
« plus pour couvrir efficacement les états d'Ita-
« lie, qu'indépendamment du nombre et de l'an-
« cienneté des soldats qui la composoient, elle
« avoit pour chef le Nestor des généraux du
« siecle ; la voilà battue dans trois combats suc-
« cessifs, dispersée, mise en fuite, et déja ses
« timides débris ne sachant plus où porter leurs
« pas, abandonnent aux vainqueurs les riches
« plaines de la Lombardie, lui ouvrent, par le
« revers des Apennins, la route facile de l'Em-
« pire germanique, dont il est possible qu'ils
« menacent la capitale en s'attachant uniquement
« à la trace des fuyards.

« Les ennemis de la République française
« douteront-ils, après cela, de ce que peut le
« génie de la liberté qui guide ses enfans ? Les
« despotes coalisés contre nous, veulent-ils
« donc recevoir sur les rives du Rhin une leçon
« semblable à celle que vient de leur donner
« notre armée d'Italie? l'humanité ne peut qu'en
« gémir, citoyens ; mais puisque leur orgueil
« est sourd à sa voix, les Français ne le seront
« ni à celle de la patrie, ni à celle de l'honneur.

« La paix est, sans doute, l'objet de nos
« vœux à tous ; mais un républicain n'en con-
« noît d'autre que celle qui peut cimenter la li-
« berté pour laquelle il combat.

« Plus cette liberté lui a coûté de sang, plus
« il a fait de sacrifices pour l'obtenir, et plus
« aussi elle lui est chere, plus il doit craindre
« qu'elle ne lui soit ravie.

« Soldats français, braves et invincibles freres
« d'armes, vous êtes désormais aux yeux de la
« patrie ses plus solides appuis : c'est de votre
« courage et de votre persévérance dans les prin-
« cipes républicains, que dépend la conserva-
« tion de ce dépôt précieux pour lequel vous
« avez versé tant de sang.

« Soyez inaccessibles aux appas corrupteurs
« du royalisme et de ses partisans comme vous
« êtes invincibles aux champs de l'honneur, et
« la France est sauvée.

« Autant votre courage étonne et déconcerte
« nos ennemis extérieurs, autant irrite-t-il ceux
« qui, dans l'intérieur, menacent encore sourde-
« ment peut-être l'édifice sacré de la liberté que
« vous défendez. Soyez redoutables aux uns
« comme aux autres, et que le glaive dont vous
« êtes armés pour la défense de la patrie, ne
« rentre dans le fourreau qu'après que tous ses
« ennemis auront été réduits à l'impuissance de
« lui nuire.

« C'est alors, braves défenseurs, que cette
« patrie reconnoissante répandra sur vous les

« trésors de ses largesses : c'est alors que, vous
« regardant comme ses enfans de prédilection,
« cette mere tendre vous pressera contre son
« sein, et n'épargnera rien pour vous dédomma-
« ger des sacrifices que vous lui aurez faits.

« Le touchant appareil de la fête qu'elle cé-
« lebre en ce jour, et dont vous êtes le principal
« objet, vous annonce à l'avance combien elle
« fait de cas des phalanges républicaines victo-
« rieuses qui combattent pour elle. La palme
« qu'offre ses magistrats à ceux d'entre vous qui
« ont eu l'honneur de verser leur sang pour elle,
« est un gage précieux de celle de l'immortalité
« qui leur est réservée ; et s'il est vrai qu'une
« simple couronne de chêne, donnée au nom de
« la patrie, étoit, pour un romain, la plus flat-
« teuse de toutes les récompenses, pourquoi
« une branche de laurier ne le seroit-elle pas au-
« tant pour un français ? Ne sommes-nous donc
« pas républicains aussi ? La patrie n'est-elle
« point aussi notre mere, et la liberté notre idole ?

Le président a annoncé ensuite une réunion à
cinq heures du soir, pour les courses des jeunes
gens, au champ-de-mars, et la séance a été levée.

Le temps pluvieux n'ayant pas permis de faire
ces courses, l'Administration a arrêté que les
braves soldats à qui il a été distribué une palme

le matin, auront une place de distinction au spectacle ce soir, et qu'au surplus leur nom sera ho-
norablement inscrit au procès-verbal.

*Noms des Défenseurs de la Patrie domiciliés à
Metz, avec désignation du genre de blessures
de chacun d'eux.*

Marcel Humbert, sergent des grenadiers de
la 85e. demi-brigade, ci-devant 43e. régiment
d'infanterie, en subsistance à la citadelle, dans
la 69e. compagnie de vétérans, a reçu un coup
de pointe de sabre à la poitrine, astrophie et
vice de conformation à la main gauche, un doigt
coupé à la premiere phalange de la main droite
et une hernie inguinale à la partie droite, à l'armée du nord.

Claude Bonevet, fusilier au 71e. régiment
d'infanterie, actuellement 131e. demi-brigade,
à l'armée du nord, a reçu un coup de fusil à tra-
vers la cuisse gauche, et un autre coup à la
droite, demeure rue Mazelle, 5e. section.

Henry Delbove, sous lieutenant au 9e. régiment de cavalerie, la jambe droite emportée, et
un coup de sabre à la joue gauche, a eu deux
chevaux tués sous lui, actuellement pensionné
de la République, demeure en Chambiere.

François Raviot, sous-lieutenant de la garde
nationale sédentaire, blessé à l'affaire de Nancy,

à eu l'œil gauche percé d'une balle, une autre à la poitrine, une à la cuisse gauche, une au bras gauche, et autres légeres blessures, demeure rue de la Fontaine.

Dominique Lariviere, sergent de la garde nationale, blessé au genou droit d'un coup de balle, à l'affaire de Nancy, demeure place des Charrons.

Antoine Monjean, fusilier au premier bataillon du 6ᵉ. régiment d'infanterie, blessé au bras droit d'une balle, et d'un coup de mitraille aux reins du côté droit, ainsi que d'une balle à la jambe gauche, à l'affaire du 18 mars, entre St.-Tron et Tirelemont, dans la Belgique.

Jean-Baptiste Bray, lieutenant aux canonniers volontaires de Metz, blessé d'un éclat d'obus à la main gauche, le 2 nivôse de l'an deux, près et à la ligne de Vissembourg, résidant à Metz au ci-devant couvent des Madelaines.

Jean Thiébault, grenadier volontaire au deuxieme bataillon de la Moselle, blessé d'un coup de feu à la main droite, du côté d'Haguenau, demeure au Champé, 5ᵉ. section.

Paul Munier, caporal des canonniers volontaires de Metz, au second bataillon du régiment d'Armagnac, ci devant 6ᵉ. régiment d'infanterie, blessé par une voiture, à la jambe gauche, demeure au Champé.

FrançoisLouis, fusilier au 2e. régiment d'infanterie, blessé d'un coup de feu aux deux cuisses, à l'affaire d'Arlon ; il réside au Champé.

Nicolas Marthe, chasseur au 7e. régiment de cavalerie, blessé à la main droite d'un coup de feu qui lui a percé le bras en plusieurs endroits, dans la Vendée ; il demeure rue du Grand-Cerf.

Mathias Meineigner, garde nationale de Metz, blessé à la joue gauche et à l'épaule d'un coup de feu, à l'affaire de Saverne.

Jean-François Heling, lieutenant au deuxieme bataillon de volontaires de la Moselle, blessé d'un biscayen, aux reins du côté gauche, d'un coup de sabre sur la tête, et d'autres légeres blessures, à Saverne ; il demeure rue du Pont de Thionville.

Nicolas Lacour, sergent à la 26e. demi-brigade d'infanterie, blessé d'un coup de feu à l'articulation du bras gauche, dans la forêt d'Haguenau ; il demeure rue des Jardins.

Jean Joseph Delporte, au 90e. régiment d'infanterie, blessé d'un coup de pied de cheval, à la cuisse droite, et autres légeres blessures du même côté, demeure rue du Tombois, n°. 249.

Antoine Antoine, soldat au 23e. régiment de chasseurs à cheval, blessé à la main gauche, d'un coup de feu, et est épileptique ; il étoit de l'armée de la Moselle.

François Lejeune, soldat aux canonniers volontaires de Metz, blessé à la main gauche d'un coup de feu, dans le bois d'Haguenau; il demeure rue du Wa-de-Billy, 5e. section.

Jean-Louis Sallerin, appointé au 6e. régiment d'artillerie, blessé d'un coup de feu à la poitrine, demeure à la Propagation.

Jean-Baptiste Peiffer, fusilier au 3e. bataillon de la Moselle, demeure rue de la Draperie.

Jean-Baptiste Bary, canonnier au premier régiment d'artillerie, blessé d'un coup de sabre à la main gauche, demeure à la Basse-Seille.

Antoine Guichard, même régiment, blessé à la poitrine, aux arcenaux.

Joseph Vagner, sergent au même régiment, blessé d'un coup de feu à la partie supérieure du côté droit des hanches.

Jean-François Dormier, fusilier au même régiment, blessé à une articulation de la jambe droite par une chûte.

Jean Mathemy, caporal, idem, blessé d'un coup de feu entre les yeux, à l'armée du nord.

Jean Villemotte, fusilier, blessé à la cheville d'un coup de feu, idem.

Jean Tallandier, même régiment, blessé d'un coup de feu aux reins.

Paul Ladebat, fusilier idem, blessé d'un coup de feu au bras gauche.

Antoine Challé, idem, blessé au bras gauche d'un coup de feu et trois coups de sabre.

Etienne Letellier, idem, blessé d'un coup de feu au bras droit.

Dominique Dagiral, caporal au même régiment, blessé dans la partie gauche: tous demeurant à la Basse-Seille.

Jacques Dehux, charretier d'artillerie, blessé au genou d'un éclat d'obus, demeure au fort.

Jacques Brunet, fusilier au septieme régiment de cavalerie, blessé à la hanche.

Etienne Gérard, idem, huit coups de sabre sur la tête et une balle à l'épaule gauche.

Siméon Thomé, blessé au côté gauche.

Jean-Claude Leveau, blessé au bras.

Joseph Cueny, 6e. régiment de cavalerie, blessé à la jambe droite, d'un coup de biscayen.

Jacques Daché, 61e. demi-brigade, blessé au bras droit et à la main gauche.

René Dorion, blessé à la cuisse gauche de deux balles et un boulet.

Louis Vincent, blessé à la main gauche d'un coup de feu.

Marin Roger, 10e. régiment de cavalerie, la jambe gauche cassée.

Jean-François Tobie, 24e. demi-brigade, blessé à la jambe gauche et à la main droite.

Laurent Fort, garde nationale, blessé à la main gauche, dont il ne peut faire usage, demeure rue Mazelle, blessé à Saverne.

Destrée, sous-directeur d'artillerie à Metz, ayant un bras emporté d'un boulet de canon.

Jean, commandant d'artillerie, blessé et aveugle.

Délibéré en séance à Metz, le 10 prairial, an IV de la République française, une et indivisible.

Collationné. Signé *ADAM*, secrétaire en chef.

CHANT PATRIOTIQUE
Pour la fête du 10 prairial.

Air : *Valeureux Français.*

Français, la valeur,
Aux champs de l'honneur,
Eternise ta gloire ;
Et sous nos drapeaux
Tes exploits nouveaux
Enchaînent la victoire.

Mars à peine, illustres guerriers,
Sous sa bannière vous rallie,
Que déja, couverts de lauriers,
Vous faites trembler l'Italie.
De votre valeur,
Aux champs de l'honneur,
Par-tout brille la gloire,
Et sous nos drapeaux
Vos exploits nouveaux
Enchaînent la victoire.

Privés de tout, avec le fer,
Toujours hardis, infatigables,

Vous avez, au fond d'un désert,
Soumis des forts inexpugnables.
De votre valeur,
Aux champs de l'honneur,
Rien n'égale la gloire,
Et sous nos drapeaux
Vos exploits nouveaux
Ont fixé la victoire.

Des Alpes les monts sourcilleux,
Six fois, sur leur cime étonnée,
Vous ont vus des rois orgueilleux
Dompter la ligue consternée.
De votre valeur, &c.

A vos succès l'Autriche en vain
De sa troupe oppose l'élite :
Elle se montre et n'a soudain
Qu'à choisir la mort ou la fuite.
De votre valeur, &c.

Vaincre ou mourir est le serment
De braves que Baulieu menace ;
Et son armée, en frémissant,
Cede à leur héroïque audace.
De tant de valeur,
Aux champs de l'honneur,
Célébrons tous la gloire :
Des exploits si beaux
Ont sous nos drapeaux
Enchaîné la victoire.

Malgré les rochers, les torrens,
La foudre grondant sur leur tête,
Ils la poursuivent, triomphans,
Jusques au fond de sa retraite.
De tant de valeur, &c.

Dans Turin nous avons porté
Et la terreur et les alarmes,
Et l'austrosarde épouvanté
A nos pieds dépose ses armes.
De notre valeur,
Aux champs de l'honneur,
Il redoute la gloire :

Nos exploits nouveaux
Ont de ses drapeaux
Orné notre victoire.

Ne ralentis point ton essor,
Soldat, achève ton ouvrage :
De succès plus brillans encor
Que ces succès soient le présage !
Et par ta valeur,
Aux champs de l'honneur,
Éternisant ta gloire,
Que sous nos drapeaux
Tes exploits nouveaux
Enchaînent la victoire !

D'une main accordant la paix,
De l'autre lançant le tonnerre,
Respecte par-tout les sujets,
A leurs tyrans seuls fais la guerre.
Et par ta valeur, &c.

Intrépides libérateurs,
Et des Belges et des Bataves,
Sur le Rhin, des rois oppresseurs
Dispersez aussi les esclaves,
Et votre valeur,
Aux champs de l'honneur,
Vous comblera de gloire,
Et sous nos drapeaux
Vos exploits nouveaux
Fixeront la victoire.

Mais en vain, par vous abattu,
Se brise le joug despotique,
Si sur les mœurs et la vertu
Nous ne fondons la République.
Des divisions,
Et des factions,
Conjurons donc l'orage ;
D'un peuple d'amis,
A ses loix soumis,
Offrons par-tout l'image.

A METZ, DE L'IMPRIMERIE DE C. LAMORT